„Wortschätze"

… ‚wenn Worte zu Schätzen werden!

1. Auflage: Juli 2015

Herstellung und Verlag:
BoD – Books on Demand, Norderstedt

ISBN: 978-3-7386-1915-7

AF138690

Inhaltsverzeichnis

Vorwort

Lieber Leser,

kennen Sie das?: Sie brauchen für einen bestimmten Anlass/ für eine bestimmte Person die richtigen Worte und Ihre Gedanken lassen Sie einfach im Stich!? Familiennachwuchs, bestandene Prüfungen, Geburtstage, Hochzeiten, Taufen, Trauerfälle etc. - all diese Ereignisse können einen ganz schön in Verlegenheit bringen, wenn man einen „Blackout" hat und einem einfach nichts einfallen will.

Aber auch im Berufsleben, braucht man gelegentlich ein paar nette Worte, um seine Arbeitskollegen etwas aufzumuntern oder ihnen zu ihren Firmenjubiläen zu gratulieren. Oft freut sich ebenso der Tierfreund, über sein paar nette Zeilen über seinen Hund, die Katze, den Hasen oder das Pferd.

Dieses Buch soll Ihnen ein wenig dabei helfen, diesen leeren Gedankenphasen einen Streich zu spielen.

Viel Spaß beim Durchstöbern dieser mit Worten gefüllten Schatzkiste wünscht Ihnen der Autor

Norbert van Tiggelen

Kapitel 1
Glück wünschen

Hurra, ich bin da!
(Des Säuglings größte Bitte)

Hurra, ich bin da!
Mit lautem Geschrei,
endlich auch strampelnd,
lebendig und frei.

Werd' euch nun nerven,
das ist doch gewiss,
mit viel Gekreisch
und manch saftigem Schiss.

Doch glaubt mir eines,
ich werd' nicht nur stinken –
ich werd' euch knuddeln
und in euch versinken.

Das kann ich aber
nur dann, liebe Welt,
wenn ihr mir zeigt,
dass auch euch das gefällt.

©Norbert van Tiggelen

Herzlich willkommen

Hallo, du kleiner Erdenbürger,
hier auf dieser Welt!
Wir hoffen, dass es dir bei uns
richtig gut gefällt.
Werd' ein Mensch, der mit Verstand
den Pfad des Lebens geht -
und mit dem Lichte Gottes,
das immer zu dir steht.

©Norbert van Tiggelen

Elternglück

Elternglück hat angeklopft -
ein Baby, zart und warm,
schlummert nun ganz friedlich
auf Mamas warmem Arm.
Ein Erdenbürger hat - wie schön! -
den Steg der Welt bestiegen,
mit Gott auf diesem langen Weg
wird's Böse es besiegen.

©Norbert van Tiggelen

Hurra, wir sind Eltern!

Hurra, wir sind Eltern -
welch ein Vergnügen!
Jetzt wird gefeiert
in vollen Zügen.

Lange gewartet,
doch eins sei betont:
Jetzt sind wir sicher -
es hat sich gelohnt.

Sprössling ist munter,
die Mutti wohlauf.
Nun sind wir glücklich –
und stolz obendrauf.

Hurra, wir sind Eltern!

Hurra, wir sind Eltern -
welch ein Vergnügen!
Jetzt wird gefeiert
in vollen Zügen.

Lange gewartet,
doch eins sei betont:
Jetzt sind wir sicher -
es hat sich gelohnt.

Babys sind munter,
die Mutti wohlauf.
Nun sind wir glücklich –
und stolz obendrauf.

©Norbert van Tiggelen

Zum 1. Geburtstag
von ...

Dein Hunger ist mächtig,
dein Durst ganz enorm.
Du bist wirklich clever
und stets gut in Form.

Dein Schiss, der ist heftig,
ich schreib's im Geheimen:
Nach manch voller Windel -
konnt' ich nicht mehr reimen!

Zum Schluss noch das eine,
und ganz ohne schwindeln:
Ein jeder Berühmter
schiss mal in die Windeln.

©Norbert van Tiggelen

Zum Geburtstag...
(Kinderversion)

Zu Deinem heut'gen Ehrentag
wünsch' ich Dir viel Glück,
dazu gehört Gesundheit,
ein riesengroßes Stück.

Natürlich auch den Frieden
und Licht an jedem Tag,
dass die Sonne Dich erwärmt
und jeder Mensch Dich mag.

Ich wünsch' Dir einen Engel,
der Dich stets begleitet,
der Dir, wenn Du traurig bist,
ein wenig Freud' bereitet.

Und eines noch am Ende,
Du kleiner süßer Spatz:
Genieße Deine Kindheit,
sie ist der größte Schatz!

©Norbert van Tiggelen

Zum Schulanfang

Leider ist die Zeit gekommen,
wo uns etwas wird genommen:
Die Schule ruft Dich nun zur Pflicht,
denn ohne sie geht's eben nicht.

Wir haben Dich mit ganz viel Liebe
bis hier begleitet seit der Wiege
und Dir versucht, all das zu zeigen,
wozu Menschen oft nicht neigen.

Sie lügen hier, sie hetzen dort,
oft brechen sie auch gern ihr Wort.
Wir haben Angst, dass Du so wirst,
in dieser Welt Dich dann verirrst.

Pass dann bloß mit „Freunden" auf,
denn die gibt's kaum, verlass Dich drauf!
Sind meist nur Fahnen, die so wehen
und ganz schnell ihre Meinung drehen.

Geh Deinen Weg, wie Du's gelernt,
halt Dich von Ärger stets entfernt.
Sei immer ehrlich mit viel Mute,
wir wünschen herzlich alles Gute!

Kommunion

Zur Kommunion
viel Glück und Segen,
Gottes Schutz
auf Deinen Wegen.
Bleib ihm treu,
auch in der Not,
sein Licht, es ist
Dein täglich' Brot.

Grundschulzeit

Vier Jahre sind jetzt nun verflogen,
Du spürtest Gunst und Ellenbogen,
die Zeit, sie war nicht immer leicht -
doch hat man Dich nie durchgereicht.

Du lerntest neue Freunde kennen,
musstest Gut von Böse trennen,
hier und da gab's auch mal Wunden,
kosteten uns Schmerzensstunden.

Mit Geduld und sehr viel Fleiß
gewannst Du stolz so manchen Preis,
warfst nie die Flinte in das Korn,
verfielst auch nicht in Wut und Zorn.

Der erste Flug ist nun vollbracht,
hast Deine Sache gut gemacht!
Dein Weg, er war sehr vorbildlich,
mein Kind, ich bin arg stolz auf Dich.

Geh' weiter Deinen Lebenslauf
schau nach vorn und freu Dich drauf!
Doch trag sie mit Bedächtigkeit
im Herzen, Deine Grundschulzeit.

©Norbert van Tiggelen

Mit Achtzehn

Mit Achtzehn fängt man an zu fliegen,
Schluss mit brav am Boden liegen!
Jetzt ist man doch reif und klug
und setzt an zum Höhenflug.

Endlich sind sie ab, die Ketten,
die Dich nervten wie die Kletten.
Freiheit schießt Dir durch die Adern,
wem's nicht passt, der soll doch hadern.

Jetzt wird richtig Gas gegeben,
keine Pflicht - nur Freud am Leben.
Einfach frisch, fromm. fröhlich, frei -
ich wünsche Dir viel Spaß dabei!

Doch eines sag ich Dir zum Schluss,
ich rede wahrlich keinen Stuss:
Das Rettungsboot und Seelenschmaus
wird immer sein - Dein Elternhaus.

©Norbert van Tiggelen

Prüfung bestanden

Gebüffelt, geprobt
auf Teufel komm raus,
immer aufs Neue,
tagein und tagaus.

Geschwitzt und gebangt,
und das nicht zu knapp.
Launen recht schwankend,
bergauf und bergab.

Hektik und Druck
ein Ende nun fanden,
alles in Butter –
Prüfung bestanden!

©Norbert van Tiggelen

Zum Führerschein

Der Führerschein, er ist jetzt Dein,
stolz darfst Du nun auf Dich sein,
Schluss mit ätzend langen Märschen,
Boliden jetzt den Weg beherrschen.

Fahre mit Bedacht durchs Leben,
denk stets dran, gut achtzugeben,
denn es gibt auf unsren Straßen
manche Trottel, die nur rasen.

Halt Dich fern von Schnaps und Bier,
ist kein gutes Elixier.
Wenn Du diesem mal verfällst,
Deinen Schein nicht lang behältst!

Doch ich bin mir ganz gewiss,
ist für Dich kein Hindernis,
Du meisterst sicher jede Route.
Zur Fahrerlaubnis alles Gute!

©Norbert van Tiggelen

Allzeit gute Fahrt

Fragebögen sind passé
und jetzt geht es auf Tournee.
Prüfer keine Mängel fanden -
hast den Führerschein bestanden!

Schluss mit übler Paukerei,
Kilometer-Lauferei,
Schulterblick ist jetzt Routine,
auf geht's in der Limousine.

Fahre jedoch mit Bedacht,
damit es niemals übel kracht,
wünsche Dir nun lieb und zart
allzeit eine gute Fahrt.

©Norbert van Tiggelen

Zur Hochzeit

Heute ist der große Tag,
an dem ihr euch was traut,
habt jetzt schon seit langer Zeit
sehr fest auf Stein gebaut.

Wir wünschen nur das Beste,
Glück und Zufriedenheit
sowie ein langes Leben,
Humor und Heiterkeit.

©Norbert van Tiggelen

Hochzeitsgrüße

Zur Eheschließung ganz viel Glück,
Leidenschaft ein großes Stück,
Ehrlichkeit und auch Vertrauen,
dass ihr könnt auf euch stets bauen.

An Humor soll es nicht fehlen,
Kälte darf euch niemals quälen,
Dialoge sind sehr wichtig,
Optimismus immer richtig.

Zärtlichkeit nicht zu vergessen,
Kerzenschein beim Abendessen,
Treue ist das A und O,
Lernbereitschaft sowieso.

Ganz zum Schluss wird's interessant,
ziemlich heiß und höchst brisant,
denn ein Brautpaar froh erwacht
nach 'ner tollen Hochzeitsnacht!

©Norbert van Tiggelen

Hochzeitswünsche

Ich wünsche Euch zur Hochzeit
nur das Allerbeste,
haltet das Duett so rein
wie eine weiße Weste!

Viele Jahre soll es halten,
gnadenlos durch dünn und dick,
geht den Weg des Ehebundes
mit viel Liebe und Geschick.

Seid Ihr dann in weiter Ferne
irgendwann mal alt und grau,
könnt Ihr voller Stolze sagen:
Wir sind würdig Mann und Frau.

Doch bis dahin ist's noch lange,
habt 'ne ganze Menge Zeit,
lebt in dieser endlos' Weile
schätzend in Zufriedenheit!

Hochzeitswünsche

Wir wünschen Euch zur Hochzeit
nur das Allerbeste,
haltet das Duett so rein
wie eine weiße Weste!

Viele Jahre soll es halten,
gnadenlos durch dünn und dick,
geht den Weg des Ehebundes
mit viel Liebe und Geschick.

Seid Ihr dann in weiter Ferne
irgendwann mal alt und grau,
könnt Ihr voller Stolze sagen:
Wir sind würdig Mann und Frau.

Doch bis dahin ist's noch lange,
habt 'ne ganze Menge Zeit,
lebt in dieser endlos' Weile
schätzend in Zufriedenheit!

©Norbert van Tiggelen

Verheiratet

Kaum zu glauben,
aber wahr:
Auch wir sind jetzt
ein Ehepaar!
Diese Kunde
soll euch sagen,
dass wir ab heute
Ringe tragen.

25 Jahre

Viele Jahre - lange Zeit,
meistens Freude, selten Leid.
War der Weg auch manchmal schwer,
brauchte man sich umso mehr.

Viele Jahre Hand in Hand
man sich treu zur Seite stand,
ging durch dünn und auch durch dick
mit viel Liebe und Geschick.

Viele Jahre sich vertrauen,
wissend auf den andren bauen.
Und mit Gott als Wegbegleiter
geht es lange noch so weiter.

©Norbert van Tiggelen

Fünfundzwanzig
Jahre
lang schon
seid ihr nun
ein Ehepaar.
Für die weitren
alles Gute
wünsch ich euch,
das ist doch klar!

50 Jahre

Fünfzig Jahre - lange Zeit,
meistens Freude, selten Leid.
War der Weg auch manchmal schwer,
brauchte man sich umso mehr.

Fünfzig Jahre Hand in Hand
man sich treu zur Seite stand,
ging durch dünn und auch durch dick
mit viel Liebe und Geschick.

Fünfzig Jahre sich vertrauen,
wissend auf den andren bauen.
Und mit Gott als Wegbegleiter
geht es lange noch so weiter.

©Norbert van Tiggelen

Zum Geburtstag

Alles Gute für die Zukunft
wünscht Dir jetzt ganz lieb und flott
ein begnadet toller Kumpel
aus dem tiefen Kohlenpott!

Häppi Börsdäi

Frieden, Glück und Wohlbefinden,
Lebenskraft in deinem Blute
wünsch ich Dir von ganzem Herzen:
„Häppi Börsdäi" – alles Gute!

Alles Gute zum Geburtstag!
Frieden, Glück und Sonnenschein
wünsch ich Dir von ganzem Herzen,
und Gesundheit obendrein.

Alles Gute!

Zum Geburtstag wünsch ich Dir
tolle Dinge, und gleich vier:
Glück, Gesundheit, Seelenfrieden
sollen dich zum Glückspilz
schmieden.
Eines wünsch ich noch von Herzen,
hat zu tun mit bösen Schmerzen:
Dass Dein Kater morgen früh
Dir nicht macht zu große Müh'.

Alles Gute
zum Geburtstag
wünsch ich Dir,
ganz ohne List.
Wichtig ist für
mich ganz ehrlich:
Bleib nur einfach,
wie Du bist!

Alles Gute

Die Massen kommen angerannt,
schütteln Dir wie doof die Hand,
klopfen Dir die Schultern weich,
huldigen Dir wie 'nem Scheich.

Wünschen Dir - wie soll's auch sein -,
dass Du alt wirst wie ein Stein;
Heiterkeit, Gesundheit, Glück,
vom Erfolg ein großes Stück.

Ich mach es nicht so pompös
mit Krawall und laut' Getös',
sage nur ganz kurz und knapp:
Alles Gute – mach nicht schlapp!

©Norbert van Tiggelen

Version 2

Ich mach es nicht so pompös,
mit Krawall und laut' Getös';
sage nur: Halt jetzt die Schnute -
für die Zukunft alles Gute!

©Norbert van Tiggelen

Zum Geburtstag...

Zu Deinem heut'gen Ehrentag
wünsch' ich Dir viel Glück,
dazu gehört Gesundheit,
ein riesengroßes Stück.

Natürlich auch den Frieden
und Licht an jedem Tag,
dass die Sonne Dich erwärmt
und jeder Mensch Dich mag.

Ich wünsch' Dir einen Engel,
der Dich stets begleitet,
der Dir, wenn Du traurig bist,
ein wenig Freud' bereitet.

Zum Schluss will ich Dir sagen,
ganz ohne Hinterlist,
das Wichtigste von allem:
Bleib so, wie Du bist!

©Norbert van Tiggelen

Zum Geburtstag viel Glück!

Als Freund bist Du klasse,
hast die Ärmel voll Asse,
als Stütze unentbehrlich,
stets treu und auch ehrlich.

Als Mensch eine Seele,
die ich jedem empfehle,
Dein Charakter sehr warm,
mein verlängerter Arm.

Als Kamerad eine Wonne,
trägst im Herzen die Sonne,
bist als Partner 'ne Bank,
für all das meinen Dank.

Dein Wort hat Gewicht,
drum auch dieses Gedicht,
bist ein ganz edles Stück -
zum Geburtstag viel Glück!

©Norbert van Tiggelen

Fürs neue Lebensjahr

Ich wünsche Dir fürs neue Jahr
Zuversicht, das ist doch klar,
keine Nachbarn, die Dich plagen,
Glück und Mut an allen Tagen.

Harmonie nicht zu vergessen,
keine Sorgen, die Dich stressen.
Frieden, Weitsicht und auch Geld,
dass Dein Glaube recht behält.

Stärke auch in schlechten Zeiten,
Freunde, die Dich stets begleiten.
Liebe ist das A und O
die Gesundheit sowieso.

Tausend Gründe, um zu lachen,
Einsicht, um auch aufzuwachen.
Wärme und Geborgenheit,
Diskussionen ohne Streit.

Schaffenslust und Übersicht,
dass Dein Wille niemals bricht.
Lebenslust statt Frustration -
so, ich glaub, das war es schon!

©Norbert van Tiggelen

Etwas verspätet

Mensch, wie konnt' ich ihn vergessen,
Deinen Ehrentag - ich Clown?
Könnte mir jetzt viele Stunden
in die eigne Fresse hau'n!

Doch was würd' mir das jetzt bringen
außer Beulen, Schmerz und Pein?
Darum wünsch ich Dir JETZT lieber
ganz viel Glück und Sonnenschein!

Nachträglich

Mensch, verdammt, was für ein Mist -
ich tat es nicht aus Hinterlist!
Drum klingt es jetzt wohl sehr vermessen:
Ich habe ihn total vergessen.

Hoffe, Du kannst mir vergeben,
wirst nicht toben und nicht beben.
Drum wünsch ich Dir jetzt urkundlich:
ALLES GUTE NACHTRÄGLICH !

Für immer 30 sein

Ein Leben lang Dreißig,
das wär' ein Vergnügen;
immer verfügbar
zu höheren Flügen.
Körperlich munter,
zu Kämpfen bereit,
fit und gerüstet
mit Haltung und Schneid.

Doch auch das Alter,
es hat seine Nutzen:
Nie mehr die Schuhe
von anderen putzen.
Von Lastern und Übeln
hat man sich entfernt -
denn schließlich hat man
im Leben gelernt!

©Norbert van Tiggelen

Mit 40 !

Mit   40   kommt die Wende,
gehst gnadenlos hin auf das Ende,
der Bauch, er nimmt erstaunlich zu,
man spricht dich an mit „SIE statt „DU".

Das Treppensteigen wird zur Qual,
die Hautfarbe statt knackig fahl,
die Haare werden kahl statt dichter,
nur Kerzenschein statt Discolichter.

Dein Hintern, der kriegt langsam Falten,
den Morgenstuhl kannst' kaum noch halten,
die Knochen werden merklich starr,
der letzte Sex vor Wochen war.

Im Kopf jedoch, da wirst du weiser,
schreist seltener rum und wirst viel leiser,
doch wenn jemand das Leben kennt,
ist's, der sich von der Jugend trennt.

©Norbert van Tiggelen

35

Wir über fünfzig

Wir über fünfzig, wir haben es drauf,
nehmen es locker mit jüngeren auf.
Uns macht man sicher kaum etwas vor,
wir haben Erfahrung und reichlich Humor.

Auch in der Liebe sind wir topfit,
da kommen nicht mal die Jünglinge mit.
Geben wir Gas, brennt mächtig der Baum,
Erotik mit uns ist oft wie ein Traum.

Wir haben Moral noch gepredigt bekommen,
manch steilen Berg im Leben erklommen.
Drum sei gewarnt, verkenne uns nicht!
In unserem Alter, da ist man ein Licht.

©Norbert van Tiggelen

Alter Sack ???

Im Club der alten Säcke,
da kommt nicht jeder rein.
Du brauchst am Hintern Falten
und musst gebrechlich sein.

Darfst keine Zähne haben,
schlecht hören musst du auch.
Der Körper, er wirkt runzelig,
dazu hängt schlaff der Bauch.

All das sind Eigenschaften,
die bringst du lang nicht mit.
Du bist doch ziemlich knackig
und körperlich recht fit.

Drum lass dir eines sagen:
Tritt weiterhin aufs Gas!
Erfreue Dich des Lebens
und hab noch sehr viel Spaß!

©Norbert van Tiggelen

Älter werden

Älter werden ist nicht leicht,
manches Übel dich beschleicht.
Doch zum Glück gibt's ein paar Sachen,
die dir das Leben leichter machen.

Hast du etwas an den Ohren,
lass ich dich nicht lange schmoren:
Damit das Hören besser geht,
pump ich dir mein Hörgerät.

Sind die Augen schlecht geworden,
denk nicht dran, ich zu ermorden.
Ist gutes Seh'n dein ganzer Wille,
leih ich dir auch meine Brille.

Wenn die Beine nicht mehr wollen,
sind lädiert und angeschwollen,
zieren sie auch reichlich Narben,
kannst du meine Krücken haben.

Womit du es doch überspannst,
ist's, wenn du nicht mehr kauen kannst.
So sag ich dann: Du alter Wicht,
meine Beißer kriegst du nicht!

©Norbert van Tiggelen

Sex im hohen Alter

Sex im hohen Alter,
der ist nicht ungefährlich!
Empfehlen würd' ich ihn
höchstens vierteljährlich.

Das Herz, es springt im Dreieck,
der Puls fängt an zu pochen,
das Wasser in den Beinen
beginnt direkt zu kochen.

Gib Acht mit deinen Zähnen,
nicht dass du es vergisst!
Sie werden nach 'nem Zungenkuss
peinlich oft vermisst.

Das Hörgerät ist wichtig,
schalte es bloß ein!
Sonst dringen heiße Worte
in dein Ohr nicht rein.

Vorsicht auch beim Stellungstausch,
der hat so seine Macken!
Drum werden deine Knochen
ganz gewaltig knacken.

Neue Hüfte

Kopf hoch, Mann –
es wird schon wieder!
Schmerzen dir jetzt
auch die Glieder,
in nicht allzu
weiter Ferne,
glaub mir, lebst
du wieder gerne.

Dann wirst du
vor Freude strahlen
und mit Wohlbefinden
prahlen.
Schmerzfrei springst
du in die Lüfte
bald schon mit
der neuen Hüfte.

©Norbert van Tiggelen

Gute Genesung

Mann, ich hörte, dir geht's schlecht,
ist mir überhaupt nicht recht!
Seitdem denk' ich oft an dich,
denn ich sorg' mich fürchterlich.

Im Leben gibt es manchmal Zeiten,
die dir bringen Schwierigkeiten;
bald schon geht's dir wieder gut,
verliere jetzt bloß nicht den Mut,

Du wirst seh'n, in ein paar Tagen
sind sie fort, die üblen Plagen.
Raus ist dann der Krankheits-Feind
und in dir die Sonne scheint.

Gute Besserung

Im Leben gibt es auch mal Zeiten,
die manchen Kummer dir bereiten.
Besonders schwierig wird es dann,
wenn der Körper nicht recht kann.

Egal ob dich der Kreislauf plagt,
ein Virus lästig an dir nagt,
die Psyche dich beständig quält
oder dir was andres fehlt.

In dieser Phase steckst du leider,
hast auch darum keine Neider,
wirst von Menschen brav liebkost,
man spendet dir so manchen Trost.

Dieser Reim soll dich beleben,
einen inn'ren Schub dir geben.
Drum wünsche ich dir mit viel Schwung
eine gute Besserung!

©Norbert van Tiggelen

Herzlichen Dank

Vielen Dank für all die Mühen,
für die gute Pflege hier;
all die Schwestern und auch Pfleger
war'n für uns ein Elixier.

Floss auch manches Tränchen leise,'
jetzt - zum Glück - sind wir befreit.
Darum sagen wir nun danke,
und das mit Verbundenheit.

©Norbert van Tiggelen

Umzugsproblematiken

So ein Umzug ist 'ne Sache,
Himmel, Herrgott – welch ein Graus!
Wer zieht denn schon ohne Sorgen
flugs aus seinem Heime aus?

Schränke schleppen ohne Ende,
neue Wohnung renovier'n;
sich von alten Dingen trennen,
Nerven dabei nicht verlier'n.

Neue Anschrift hinterlegen,
Wasser und auch Gas abdreh'n;
Freunde zudem danach fragen,
ob sie ei'm zur Seite steh'n.

Doch ist's endlich überstanden,
sieht die Welt ganz anders aus;
im Vergleich zur alten Wohnung
ist die neue jetzt ein Schmaus.

Und in dieser wirst du wohnen
hoffentlich 'ne lange Zeit,
stets in Frieden, immer glücklich -
mit Humor und Heiterkeit.

©Norbert van Tiggelen

Sorry, tut mir leid!

Ich hab mich mies verhalten
und war nicht fair zu dir;
drum bitt' ich um Vergebung,
ich hoff', du glaubst es mir.

Ich schäme mich unendlich,
beschmutzt mein Seelenkleid.
Ich sag' es immer wieder:
„Sorry, tut mir leid!"

Namenstag

Quäl dich heute nicht so viel,
erspar Dir Müh und Plag.
Das hat einen wicht'gen Grund:
Denn es ist dein Namenstag.

Endlich Rente

Endlich hast du es geschafft,
nach all den vielen Jahren.
Bist angekommen dort, wo einst
die Träume sehr oft waren.

Schluss mit Stress und stolzem Fleiß
und all den Raufereien,
die du dir hast angetan
mit Stolz und Scherereien.

Gehe nun den Lebensurlaub,
den du dir hast schwer erschaffen,
in der Hoffnung, dass du spürst,
jetzt soll'n doch endlich andre raffen.

©Norbert van Tiggelen

Kapitel 2:
Berufe

Altenpfleger

Altenpfleger müssen helfen
jeden Tag von früh bis spät,
steh'n dem Greise treu zur Seite,
bis er auf die Reise geht.

Trösten ihre kranken Seelen,
hauchen ihnen Hoffnung ein,
immer wieder unermüdlich,
wollen sichre Stützen sein.

Streicheln ihre schwachen Hände,
geben ihnen oftmals Kraft:
Denn mit jedem Tag des Alterns
fehlt ein bisschen Lebenssaft.

Sie verstehen ihre Sorgen,
die tagtäglich größer sind,
und ersetzen für die Alten
manchmal auch das eigne Kind.

Altenpfleger haben Ängste:
Stellenabbau heißt ihr Leid;
haben außer schweren Beinen
für den Greisen kaum noch Zeit.

Der Bäcker

Schon in frühen Morgenstunden
dreht er fleißig seine Runden,
denn an manchem Frühstückstisch
soll das Backwerk duften frisch.

Er versorgt uns mit viel Gutem:
Brötchen, Brote und auch Stuten,
Krapfen, Brezel, Kuchen, Stollen -
ganz egal, was wir auch wollen.

Oftmals wird von ihm gedacht,
dass im Traum er Umsatz macht.
Doch zum Wohlgefühl der Kunden
macht er viele Überstunden.

Und zum Schluss, da müsst ihr wissen,
er ist oftmals angeschissen.
Denn wenn andre fröhlich feten,
muss er fleißig Teige kneten.

©Norbert van Tiggelen

Der Barbier

Der Barbier ist oft ein Meister,
braucht zum Stylen keine Geister.
Denn mit Stielkamm, Fön und Schere
gibt er sich gepflegt die Ehre.

Er verschönert reihenweise
junge Menschen, alte Greise,
verpasst dabei ohne Blessuren
Pottschnitt und auch Trendfrisuren.

Strähnchen oder Rastalocken
können ihn doch gar nicht schocken;
Stufenschnitt und Dauerwelle
macht er ruckzuck, auf die Schnelle.

Geht was schief auf seinem Platze,
kriegt der Herr halt eine Glatze,
und die Frau zu ihrem Glücke
eine richtig fesch' Perücke.

©Norbert van Tiggelen

Big Boss

Egal zu welcher Jahreszeit
steh ich mit dem Truck bereit,
er und ich sind ein Gespann
auf der Bundesautobahn.

Ob im Frühling oder Winter,
auf der Bahn bin ich ein Sprinter,
hab das Lenkrad fest im Griff,
um zu führen dieses Schiff.

Wenn der Diesel sachte dröhnt,
das Radio mich lieb verwöhnt,
ich den Fahrtwind zärtlich spüre,
öffnet sich mir weit die Türe.

Sicherlich gibt es auch Tage,
da ist der Job 'ne große Plage.
Doch was ich immer gern genoss:
Auf meinem Truck bin ich der Boss!

©Norbert van Tiggelen

Der Dachdecker

Der Dachdecker, das ist ein Mann,
der's ziemlich gut mit Dächern kann.
Er deckt die Pfannen wie ein Wilder,
sieht aus oft wie ein Bodybuilder.

Auf dem Dach ist er geschickt,
gar manche Traufe er dort flickt
oder auch 'nen Giebelstein.
Alkohol, den lässt er sein.

Den Hammer hat er stets am Arsch,
setzt den Aufzug gern in Marsch,
pfeift nach Damen vom Gerüst,
Wangen er am liebsten küsst.

Gerne hält er seine Latte
oder auch ne Schieferplatte,
duzt sich mit dem Schornsteinfeger,
ist ein guter Rohrverleger.

Rundum ist er also fit,
achtsam auch bei jedem Schritt
denkt er immer ans Verlöten,
schuftet hart für wenig Kröten.

©Norbert van Tiggelen

Dein Freund und Helfer

Er ist ein Mensch wie du und ich,
spürt Freude, Leid und Schmerz,
in seiner Brust, da schlägt genau
so wie bei uns ein Herz.

Sein Job, der ist nicht einfach
in dieser schweren Zeit,
denn auf den Straßen reagieren
nicht selten Hass und Neid.

Die Waffe dient zum Schutze
und nicht als Argument,
er pflichtbewusst den Staat vertritt,
dort, wo es täglich brennt.

Die Uniform macht ihn sehr kalt,
was eigentlich nicht ist;
zu Hause die Familie
sich sorgt und ihn vermisst.

Er ist dein Freund und Helfer,
kämpft täglich für das Recht.
Behandle ihn nicht wie 'nen Feind,
denn dir geht's auch mal schlecht.

©Norbert van Tiggelen

Der Elektriker

Der Elektrikergeselle
zappelt manchmal auf der Stelle.
Trotz Belehrung und Diplom
steht er dann wohl unter Strom.

Schlitze stemmt er wie ein Tier,
Kabel sind sein Elixier;
die verlegt er auch auf Wänden
mit besonders flinken Händen.

Ohne ihn gäb' es kein Licht,
Sorgfalt, das ist seine Pflicht.
Steckt die Finger gern in Dosen
und die Flossen in die Hosen.

Pfusch, den darf er niemals machen,
denn dann gibt es nichts zu lachen.
Funkenflüge würden sprühen,
Drähte zudem auch noch glühen.

Fällt er zitternd von der Leiter,
dieser fesche Bauarbeiter,
Himmel, Herrgott, welch ein Graus -
die Sicherung, sie war nicht raus!

Fee in Weiß

Bleicher Kittel, leise Schuhe,
sie bringt kaum was aus der Ruhe.
Mit dem Doktor ein Gespann,
steht sie täglich ihren Mann.

Schon in frühen Morgenstunden
heilt sie manche Seelenwunden,
wenn die Kranken sich beklagen
und nach einem Rat sie fragen.

Muss Termine brav notieren,
schnell und überlegt agieren,
aber auch Rezepte schreiben,
immer nett und freundlich bleiben.

Ohne sie wär' vieles grau,
und dem Arzt im Magen flau.
Sie ist immer dort, wo's brennt,
man als weiße Fee sie kennt.

©Norbert van Tiggelen

Fensterputzer

Der Fensterputzer, der ist flink,
reinigt Scheiben, gar kein Ding.
Ganz egal, wie hoch, wie breit -
ist für ihn 'ne Kleinigkeit.

Flott sein muss er auf der Leiter
und so fix wie kaum ein Zweiter.
Denn der Rubel, der muss rollen,
und die Fenster glänzen sollen.

Wenn er seinen Lappen schwingt,
er das Glas auf Hochglanz bringt,
summt dabei auch gern ein Lied,
auch wenn's in der Höhe zieht.

Er hat keine Zeit zum Träumen,
hell sein soll es in den Räumen.
Darum putzt er wie ein Wilder,
sieht oft schöne Himmelsbilder.

Ein Gedanke nervt ihn dreist:
dass ihm das Geschirr mal reißt.
Aber so im Allgemeinen
lebt er mit sich meist im Reinen.

Frauenärzte

Frauenärzte gibt es viele,
aber ist ein jeder gut?
Wer hat diesen Job tatsächlich
wirklich auch in seinem Blut?

Da gibt es 'ne kleine Prüfung,
die die Frage ganz schnell klärt,
ob in diesem Damen-Doktor
tatsächlich ein Fachmann gärt.

Lass ihn schauen nur ganz einfach
durch ein Schlüsselloch sehr klein.
Er müsst' dann die Wohnung kennen,
und zwar jedes Zimmerlein.

©Norbert van Tiggelen

Der Friseur

Der Friseur mit flinken Fingern
gibt sein Bestes nur für dich;
schuftet hart mit ganzem Herzen,
denkt dabei nicht mal an sich.

Er poliert des Mannes Glatze
oder stutzt auch seinen Bart,
legt des Weibes Dauerwelle,
das ist halt so seine Art.

Soll dein Antlitz stilvoll glänzen,
geh zu ihm ganz ohne Graus,
denn mit einer schmucken Haarpracht
siehst du immer schnieke aus.

©Norbert van Tiggelen

Der Gärtner

Der Gärtner, ja, das ist ein Mann,
der's ziemlich gut mit Beeten kann.
Verschönert auch mit sehr viel Liebe
Blumenkübel - und setzt Triebe.

Meistens an der frischen Luft,
pflegt er gern so manche Gruft.
Aber auch in Parkanlagen
siehst du ihn nach Unkraut jagen.

Hat schon ziemlich hohe Leute
unter sich in großer Meute,
und das auch recht massenhaft,
wenn er auf dem Friedhof schafft.

Mit Gespür und Kennerblick
und zudem auch viel Geschick
widmet er sich der Natur,
schaut meist auf die Sonnenuhr.

Wenn er mal 'ne Pause macht
in gewohnter grüner Tracht,
ist er ein gescheiter Recke
und versteckt sich in der Hecke.

©Norbert van Tiggelen

58

Der Gebäudereiniger

Der Ge-bäu-de-rei-ni-ger
hat es oftmals wirklich schwer.
Denn er macht nicht selten reine,
wo man denkt, dort leben Schweine.

Putzt und schrubbt so wie ein Wilder,
reinigt Möbel und auch Bilder.
Teppichböden obendrein
hält er sauber und auch rein.

Reinigungs- und Scheuermittel,
Schrubber, Besen, Eimer, Kittel -
das sind seine Wegbegleiter,
ganz genauso wie die Leiter.

Staubtuch, Wischmopp, Lederlappen
muss er sich tagtäglich schnappen,
reinigt Dielen und Toiletten,
ganz genau, wie Sie's gern hätten.

Ist sein Tageswerk geschafft,
fehlt ihm abends oft die Kraft.
Dieser Job, oh glaubt es mir,
quält so manches Arbeitstier.

©Norbert van Tiggelen

Gott schütze euch

Ein Haufen Kameraden
steht täglich seinen Mann,
der Job, er ist gefährlich,
sehr viel passieren kann.

Ihr Ziel heißt „Leben retten",
egal aus welcher Not,
bei jedem neuen Einsatz,
da lauert meist der Tod.

Zusammenhalt ist alles,
dazu zählt auch Vertrauen,
ohne dem, da kann man nicht
auf den andren bauen.

Geht Hand in Hand verbündet
mit klarem Blick voraus,
denn eure Lieben warten
sorgenvoll zuhaus'.

Die Feuerwehr, wenn sie nicht wäre -
dann hätten wir's wohl richtig schwere.
Dieser Reim soll eines sagen:
Vielen Dank für euer Plagen!

Feuerwehrleute

Ihre Taten sind gigantisch
und ganz sicher nicht zum Schein;
darum sollten alle Menschen
diesen HELDEN dankbar sein.

Briefträger

„Hallo ihr lieben Briefträger"...
...ich wollt mich mal bedanken,
für alles, was sie uns so bringen,
mach ich mir Gedanken.

Egal, ob's regnet oder schneit,
ihr seid halt immer dar,
auch bei Hagel und bei Sturm,
für uns ist's sonnenklar.

Die Wege, die ihr für uns macht,
die möchte ich nicht gehen,
leider gibt's zu wenig Menschen,
die es auch so sehen.

Und ist die Post beim nächsten Mal
vielleicht nicht so beliebt,
werd ich nur das Eine sagen:
Schön, dass es Euch gibt!

©Norbert van Tiggelen

Harter Mann

Ich halt den Kurs von früh bis spät,
auch wenn es mir mal dreckig geht,
fahr meine Tour bei Sturm und Wind,
denn muss ernähren Frau und Kind.

An einen Krankenschein zu denken,
kann ich mir seit Jahren schenken,
denn so manch ein Junggeselle
ist scharf auf meine Arbeitsstelle.

Die Lieferung muss pünktlich sein,
ob Regen oder Sonnenschein,
ob heller Tag, ob Abendlicht,
manch' Kunde interessiert es nicht.

Treu fahr ich mein Vehikel weiter,
Kaffee, tiefschwarz, als Wegbegleiter,
raff mich durch, solang' ich kann,
und spiele brav den harten Mann.

Der Hauswirt
(Der Nette)

Es gibt manchen netten Hauswirt,
dessen Ruf ist wirklich schmuck.
Seine Mieter ihn gar lieben,
er kennt weder Stress noch Druck.

Denkt niemals an Mieterhöhung,
hat für Klagen auch ein Ohr.
Miese Stimmung und Dispute
kommen nur ganz selten vor.

Gibt es irgendwo mal Mängel,
wird der Schaden repariert.
Es wird gar nicht zugelassen,
dass der Mieter rumhantiert.

Solche Wirte, die sind selten,
doch es gibt sie, das steht fest.
Hast du Glück mit einem solchen,
halte warm dir dieses Nest.

©Norbert van Tiggelen

Hochwasserhelden

Sie malochen unermüdlich,
ihnen geht es nicht ums Geld.
Helfen dort, wo andre gaffen,
flicken manch kaputte Welt.

Schuften, bis der Körper aufgibt,
schlafen nur, wenn nichts mehr geht;
bauen unermüdlich Wälle,
einer fest zum andren steht.

Reichen ihre treuen Hände
selbstlos jedem Opfer zu.
Packen, heben, zerren, schnappen,
fleißig, flink und ohne Ruh'.

Kämpfen gegen Übermächte,
liegen auch die Nerven blank.
Das zumeist aus Nächstenliebe -
diesen Helden großen Dank!

©Norbert van Tiggelen

Höllenflug

Angst vor dem Sekundenschlaf,
das Funkgerät rauscht vor sich hin,
die Heimat liegt in weiter Ferne,
ich in Gedanken bei dir bin.

Der Diesel dröhnt mir um die Ohren,
macht mir das Alleinsein leicht,
würde alles dafür geben,
wenn ein Gruß dich jetzt erreicht.

Gnadenlos zieh ich von dannen,
muss doch meinen Job hier tun.
Lieber würde ich jetzt kuscheln
und in deinem Bette ruh'n.

Fahre immer weiter von dir,
grausam schnell, wie fürchterlich,
bald schon bin ich wieder bei dir,
mein Schatz zuhaus', ich liebe dich.

©Norbert van Tiggelen

Der Klempner

Der Klempner, das ist ein Geselle -
pflichtbewusst an Ort und Stelle,
denkt er meistens ans Verlöten,
schafft sehr hart für wenig' Kröten.

Kupfer, Plastik, Messing, Zink
nutzt er täglich, gar kein Ding.
Macht der Lehrling mal die Welle,
gibt es direkt eine Schelle.

Kanten bördeln, schweifen, Sicken
damit muss er Bleche flicken.
Schließt sie an, die Badewanne,
tötet gern mal eine Kanne.

Pumpenzange, Hanf und Kitt
nimmt er immer gerne mit.
Um Gewinde abzudichten
und den Schaden schnell zu richten.

Wangen, Traufen, Kehlen, Rinnen
muss er öfters mal verzinnen.
Abfluss säubern ist sein Groll,
Nippel findet er ganz toll.

Hörst du ihn mal ganz laut stöhnen,
richtig krass, mit schrillen Tönen,
macht er was, nun sei ganz Ohr:
Er verlegt dann grad ein Rohr!

Der Maler

Maler heißt er, der Geselle,
dieser Mann für alle Fälle,
der den Pinsel gerne schwingt,
in die Räume Farbe bringt.

Er ist gnadenlos auf Zack,
kreativ mit Putz und Lack.
Ob mit Spachtel oder Rolle -
er verliert nicht die Kontrolle.

Flink auf Leiter und Gerüst
ist er, was ihr wissen müsst.
Mit dem Glätter und der Kelle
ebnet er so manche Delle.

Reibeputz und auch Tapeten
bringen ihm ganz schnell Moneten.
Er lackiert auch Fensterrahmen,
kennt beim Pinseln kein Erbarmen.

Ganz zum Schluss sei noch gesagt,
dieser Künstler sich oft plagt.
Ist stets freundlich zu den Kunden
und macht viele Überstunden.

Der Maurer

Der Maurer, das ist ein Geselle,
der verputzt mit seiner Kelle
fleißig, bis dass sie erglüht
und vor Hitze Funken sprüht.

Auf dem Bau ist er der Schaffer,
ein Athlet, ein richtig straffer.
Wo er hinhaut, wird es still,
doch er dieses gar nicht will.

Selbst in arger Sommerhitze,
seine Tatkraft, die ist Spitze.
Er braucht weder Saft noch Eis,
er schreit höchstens laut nach Speis.

Macht sich nichts aus Staub und Schmutz,
haut ganz gern mal auf den Putz.
Nervt ihn was, dann gibt's Beton,
darin kennt er kein Pardon.

Holen ihn dann ein die Jahre,
ist Gesundheit Mangelware.
Denn er hat zu schwer hantiert,
drum sind die Knochen arg lädiert.

©Norbert van Tiggelen

Der Müllmann

Der Müllmann ist ein flinker Recke,
darf nicht lahm sein wie 'ne Schnecke.
Muss tagtäglich mächtig schwitzen
und um Häuserblöcke flitzen.

Er beseitigt all die Sachen,
die uns keine Freud mehr machen.
Und damit sie sich nicht horten,
schafft er's weg zu andren Orten.

Ganz egal, bei welchem Wetter,
ist er unser Ordnungsretter.
Ob bei Glatteis, Regen, Hitze,
seine Leistung, die ist spitze.

Wenn es diesen fleiß'gen Mann
gar nicht gäbe, was wär' dann?
Lieber Gott, das wär' ein Graus,
denn hier säh's oft grausam aus.

Mutti, unser Arbeitstier

Macht euch mal Gedanken, Leute,
was die Mutti alles macht:
Ist frühmorgens schon erreichbar
und nicht selten auch bei Nacht.

Kochen, spülen, waschen, saugen,
schon seit Jahren - Tag für Tag;
schrubben, bügeln, nähen, putzen,
immer nur die gleiche Plag'.

Schularbeiten überprüfen,
zwischendurch zum Einkauf geh'n.
Arzttermine nicht vergessen,
jedem brav zur Seite steh'n.

Die Wehwehchen fortzupusten,
auch wenn's bei ihr selber zwickt.
Dabei noch gut auszusehen -
wer wohl ihre Seele flickt?

Und zum Schluss kommt noch die Höhe,
ist das nicht Gemeinheit pur?
Gibt es mal was auszusetzen,
schimpft man mit ihr leider nur.

©Norbert van Tiggelen

Putzfrau

Während Trinker glücklich zechen
und vom Staat ihr Geld bezieh'n,
macht sie ihre Hände schmutzig,
rutscht dabei auf ihren Knien.

Putzt und schrubbt wie eine Wilde,
macht 'nen echten Knochenjob,
Pausen sind fast gar nicht möglich,
ihr bester Freund, das ist der Mopp.

Jeden Tag dieselben Plagen,
die Gesundheit leidet schwer;
hätte sie nicht diese Stelle,
wär zuhaus' der Kühlschrank leer.

Bücken, knien, auf die Leiter,
gnadenlos von früh bis spät;
einen Krankenschein zu nehmen,
macht sie nur, wenn nichts mehr geht.

Ihre Schicht ist nun zu Ende,
hat geackert wie ein Tier,
Säufer sind schon wieder nüchtern,
blitzblank schimmert ihr Revier.

©Norbert van Tiggelen

Putzwunder

Du bist jemand, den ich schätze,
denn du schaffst tagein, tagaus;
putzt und schrubbst wie eine Wilde,
erntest dafür kein' Applaus.

Du bringst Glanz in fremde Räume
und verausgabst dich oft sehr.
Ohne deine Tatkraft wäre
wohl zuhaus' der Kühlschrank leer.

Manchmal nennt man dich 'ne „Putze",
was dich ärgert - ist doch klar.
Oft sind Menschen niederträchtig
und zudem auch undankbar.

Doch lass dir jetzt etwas sagen:
Ohne dich ging' vieles nicht.
Lass die Leute weiter reden –
deine Leistung, die besticht!

©Norbert van Tiggelen

Die Schneiderin

Die Schneiderin ist eine Frau,
sie näht und näht und näht;
nicht selten bis nach Mitternacht,
was sich von selbst versteht.

Jacken, Mäntel, Blusen, Westen,
Hosen, Kleider und viel mehr
schöpft sie fleißig und gefühlvoll,
bis die Augen werden schwer.

Nadel, Faden, Schere, Stoffe
sind ihr Lebenselixier.
Damit schafft sie unaufhörlich
für der Kunden äuß're Zier.

Sie macht aus 'nem grauen Entlein
einem wunderschönen Schwan.
Kleider machen schließlich Leute -
oft schon hat sie das getan.

Barfußlaufen in der Stube
sollte sie doch besser nicht,
denn so manch verlor'ne Nadel
glaubt mir, dann im Fuß sie sticht.

©Norbert van Tiggelen

Der Schreiner

Schreiner heißt er, der Geselle,
der verschönert manche Schwelle.
Geht ihm etwas auf den Leim,
ist es ein verkommnes Heim.

Hobeln, sägen, schleifen, schrauben,
ob in Häusern oder Lauben,
das beherrscht er wie kein Zweiter -
dieser fesche Bauarbeiter.

Türen, Böden, Decken, Wände
restauriert er gern behände,
mit Gefühl und auch Geschick,
Wissen und 'nem strengen Blick.

Raspel, Säge, Hobel, Hammer
holt er aus der Werkzeugkammer,
um dem Holz den Schliff zu geben,
dass es hält ein ganzes Leben.

Wenn er einen Holzwurm sieht,
etwas Schlimmes dann geschieht:
Er besorgt sich eine Latte
und legt ihn dann auf die Matte.

Sekretärin

Sie tippt, bis die Tasten glühen,
unentwegt mit ganzem Fleiß,
hält die Weste ihres „Cheffes"
gar nicht selten blütenweiß.

Sie kennt ihren Vorgesetzten,
besser oft als seine Frau,
Macht sich über Neuigkeiten
in der Firma ständig schlau.

Sie weiß, so wie niemand anders,
wann der Boss mal Ruhe braucht,
und erkennt mit wachem Blicke,
wer ihm in den Hintern kraucht.

Sie hält den Betrieb am laufen,
ist die liebe, gute Fee
und serviert mit einem Lächeln
Kaffee, Sprudel oder Tee.

Sie vernichtet alte Akten,
ist vergnügt am Telefon.
Wenn sie spürt, der Chef ist glücklich,
ist's für sie der größte Lohn.

Soldat in der Ferne

Soldat in der Ferne,
weit weg von Zuhaus -
fernab von Gefühlen,
tagein und tagaus.

In Stellungen wachsam,
die Sinne stets klar,
hast du täglich Feinde,
meist in großer Schar.

Entfernt von Familie,
den Freunden, Vertrauten,
die dich stets liebten
und oft auf dich bauten.

Doch eins lass dir sagen,
als freundlicher Stich:
All diese Menschen,
sie denken an dich!

©Norbert van Tiggelen

Spülfrau

Sie macht einen harten Job,
meistens hinter den Kulissen;
wie sie schuftet und sich quält,
wird nur selten jemand wissen.

Tassen, Teller und Terrinen
spült sie täglich massenhaft.
Kommt sie von der Schicht nach Hause,
ist sie mehr als nur geschafft.

Messer, Gabeln, Löffel, Töpfe
werden sorgsam hoch poliert;
plagt sich stets mit Essensresten,
und das alles ungeniert.

Dass die Küche stets gelobt wird
und der Gast das Speisen liebt,
sollt' ihr Chef des öft'ren sagen:
„Es ist schön, dass es Sie gibt!"

©Norbert van Tiggelen

Straßenhelden

Taxifahrer sind oft Helden,
die erfüllen manch Mission.
Sie sind ständig in Bewegung,
unaufhörlich in Aktion.

Koffer schleppen, Therapeut sein,
Streite schlichten, ganz bequem;
stundenlang vor Kneipen warten -
alles wirklich kein Problem!?

Sind mal Freund, mal
Ordnungshüter,
hassen meist die Farbe Rot;
helfen täglich vielen Menschen,
das sogar aus höchster Not.

©Norbert van Tiggelen

Der Superbulle

Er ist ein Ordnungshüter
der ganz besondren Art.
Mit Menschlichkeit und Güte
wird bei ihm nicht gespart.

Jetzt schon seit vielen Jahren
macht er nun seinen Job.
Verlässlich und auch sorgsam -
ein richt'ger Supercop!

Geheim bleibt hier sein Name,
denn Werbung mag er nicht.
Ihm dieses Wort zu halten,
seh' ich als meine Pflicht.

Für mich ist er ein Vorbild,
ein Mensch, der weise ist;
direkt und bodenständig,
was man heut' oft vermisst.

Ich glaube, dass er schmunzelt
und Freude durch ihn schießt,
wenn er jetzt genüsslich
diese Zeilen liest.

Taxifahrer

Taxifahrer können schreiben
oft bestimmt so manches Buch.
Rote Ampeln in der Eile
sind für sie ein rotes Tuch.

Hören sich von ihren Gästen
oftmals deren Sorgen an;
kommen in der Hauptverkehrszeit
meistens nur ganz schlecht voran.

Bringen dich zu deinem Doktor,
dass die Busfahrt dich nicht quält;
stehen ungern lang vor Kneipen,
Zeit ist für sie eben Geld.

Können's überhaupt nicht leiden,
wenn ein Zecher lauthals motzt,
ihnen dann zum Überflusse
auch noch in den Wagen kotzt.

©Norbert van Tiggelen

Kapitel 3:
Tier-Gedichte

Herzensbrecher

Deine Augen - ein Gedicht!
Falschheit? Nein, die kennst du nicht.
Folgst mir treu auf allen Wegen,
bist für mich der größte Segen.

Dein Charakter - warm und gut,
ehrlich bist du bis aufs Blut.
Dir kann ich mein Leid erzählen,
ohne dich würd' mir was fehlen.

Deine Nase kalt wie Eis,
Seelenfarbe blütenweiß.
Gehst mit mir auch steile Wege,
unsre Freundschaft ich gern pflege.

Deine Ohren flauschig weich,
Liebe gibst du hier und gleich.
Du, mein lieber Freund, mein frecher -
Seelenclown und Herzensbrecher.

©Norbert van Tiggelen

Dem Hund
(Herrchen-Version)

Dem Hund, dem ist es ganz egal,
ob du nun dünn bist oder dick.
Er möchte dir zur Seite steh'n
und dass du schenkst ihm manchen Blick.

Dem Hund, dem ist es einerlei,
ob du nun groß bist oder klein.
Er möchte nicht alleine streunen
und will in deiner Nähe sein.

Dem Hund, dem ist es nebensächlich,
ob du arm bist oder reich.
Selbst wenn du im Freien lebtest,
wäre ihm das wirklich gleich.

Dem Hund ist aber völlig wichtig,
welchen Weg sein Herrchen geht.
Er wird dich auch noch treu begleiten,
wenn der Wind zum Sturm sich dreht.

©Norbert van Tiggelen

Seelenclown

Du weichst mir nicht von meiner Seite,
gehst treu mit mir durch Sturm und Wind;
bist Freund, Gefährte und Beschützer -
manchmal auch verspieltes Kind.

Dein Blick, er lässt mich stets erweichen,
kann dir nicht einmal böse sein.
Auf dich setz ich zur Not mein Leben -
stellst meinem Herzen nie ein Bein.

Deine Schnauze kalt wie Raureif,
der Charakter warm und gut;
liebst mich, ohne was zu fordern,
kämpfst für mich mit ganzem Mut.

Du, mein treuer Weggenosse,
dir kann ich auch blind vertrau'n;
bist für mich mein größtes Herzstück -
Kamerad und Seelenclown.

©Norbert van Tiggelen

Wer?

Wer geht mit dir auch steile Pfade
und steht für dich im Elend grade?
Wer fällt dir niemals in den Rücken
und will dich jeden Tag verzücken?

Wer würd' dir nie was Schlechtes tun,
auf wen kannst du dich blind beruh'n?
Wer folgt dir brav auf Schritt und Tritt
und hält auch deinen Körper fit?

Wer begrüßt dich nett am Morgen
und vertreibt dir deine Sorgen?
Wer ist dir treu in jeder Stund?
Es ist dein treuer Freund, der Hund!

©Norbert van Tiggelen

Mein Herrchen
hat mich lieb

Er und ich sind echte Freunde,
wir vertrau'n uns allzeit blind.
Ich bin ihm ein treuer Kumpel,
manchmal aber auch sein Kind.

Er behütet mich tagtäglich,
so, wie ich es für ihn tu.
Seine Seele ist 'ne reine,
Böses trau ich ihm nicht zu.

Wenn ich irgendwann mal alt bin,
werde ich von ihm gestützt;
würden wir in Nöte kommen,
weiß ich, dass er mich beschützt.

©Norbert van Tiggelen

Hunde-Muttertag

Sie geht ständig mit mir Gassi,
striegelt liebevoll mein Fell,
tadelt mich auch hin und wieder,
wenn ich mal zu Unrecht bell.

Sie spielt mit mir „Stöckchen holen",
gibt fortwährend auf mich Acht.
Ich steh unter ihrem Schutze,
früh am Morgen, in der Nacht.

Sie versteht mich ohne Worte,
wenn ich mit den Augen frag.
„Vielen Dank, dass ich dich habe –
einen schönen Muttertag!"

©Norbert van Tiggelen

Hunde-Vatertag

Er geht ständig mit mir Gassi,
striegelt liebevoll mein Fell,
tadelt mich auch hin und wieder,
wenn ich mal zu Unrecht bell.

Er spielt mit mir „Stöckchen holen",
gibt fortwährend auf mich Acht.
Ich steh unter seinem Schutze,
früh am Morgen, in der Nacht.

Er versteht mich ohne Worte,
wenn ich mit den Augen frag.
„Vielen Dank, dass ich dich habe –
einen schönen Vatertag!"

Kätzchen

Krallen messerscharf gewetzt,
sie hinter ihrem Opfer hetzt,
im selben Augenblick ganz zahm,
sie leise schnurrt in meinem Arm.

In der Nacht die Augen funkeln,
glitzernd leuchten hell im Dunkeln,
ihr Fell, es glänzt wie pures Gold -
mein Kätzchen, bleib mir lang noch hold!

Stern der Nacht

Du schleichst um mich mit
„Schnurrgemurr"
schenkst mir ein zartes „Fauchmiau"
tapst majestätisch durchs Revier,
mein Lächeln ich dir anvertrau'.

Du bist der König meiner Seele,
Dein Blick hält unermüdlich Wacht,
kannst schlechte Launen stets ermuntern,
mein Sonnenschein und Stern der Nacht.

Katzen

Katzen schreiten über'n Teppich
graziös und elegant,
alles, was sich dreht und baumelt,
halten sie für interessant.

Sie hör'n selbst die Flöhe husten,
denn ihr Spürsinn ist enorm,
biegen sich mit großer Freude
zu manch kurioser Form.

Schleichen sich an ihre Beute
schweigsam, stilvoll, konzentriert;
"Killerblick" sein Opfer niemals
aus dem Fadenkreuz verliert.

Schnurren, murren, Schnarch-
Geräusche,
wenn sie sehr zufrieden sind.
Für uns sind sie edle Freunde,
Wächter, Hüter - und auch Kind.

©Norbert van Tiggelen

Hoppelchen

Flauschig weich
und stets zum Knuddeln,
bist du Freund
mit langen Ohr'n.
Auf der Liste
meiner Herzchen
liegst du, glaub mir,
ganz weit vorn.

Schenkst mir täglich
deine Wärme -
dankeschön,
mein süßer Fratz.
Möchte dich nicht
mehr vermissen,
du, mein kleiner
Hoppel-Schatz.

Pferde

Pferde, das sind treue Freunde,
zeigen dir ihr Mitgefühl,
schenken Wärme und Vertrauen,
mimen nicht auf stur und kühl.

Pferde sind enorm ästhetisch,
edel, sauber, treu und klar.
Schenkst du ihnen Pfleg' und Liebe,
dann vertrau'n sie ganz und gar.

Pferde haben sanfte Seelen,
die doch sehr zerbrechlich sind.
Sie sind Wächter und Gefährte,
manchmal aber auch ein Kind.

Kapitel 4:
Abschied, Trauer, Schmerz

Neuanfang

Meistens trauert man um Menschen,
wenn sie plötzlich nicht mehr sind.
Man zerbricht in tiefem Kummer,
spürt den kalten Lebenswind.

Doch glaub' mir, es wird sich lohnen,
dass ein Herz war gut und rein.
Denn für Seelen, die's verdienen,
wird der Tod ein Anfang sein.

©Norbert van Tiggelen

Für meinen Schatz im Himmel

Mein lieber Mann im Himmelsreich,
Du fehlst mir unermesslich!
Die Zeit hier unten ohne Dich
ist kalt, gemein und grässlich.

Du warst mein Glück, mein Elixier,
der Traumprinz meines Lebens;
mit Dir war alles farbenfroh -
kein einz'ger Tag vergebens.

Die Liebe, die Du mir einst gabst,
erfüllt noch heut mein Herz.
Doch trotzdem sticht mich jeden Tag
ein schlimmer Seelenschmerz.

Die Worte, die ich Dir hier schreib,
wirst Du gewiss verstehen.
Ich geh nun weiter meinen Weg,
bis wir uns wiedersehen.

©Norbert van Tiggelen

Ruhe in Frieden

Bewegtes Leben,
vieles gegeben,
Kinder bekommen,
Berge erklommen.

Warst ein Kämpfer,
trotz mancher Dämpfer,
niemals kapituliert,
alles ausprobiert.

Am Ende zerronnen,
Ansehen gewonnen,
vom Leben verschieden,
ruhe in Frieden!

©Norbert van Tiggelen

Dear ...

Wenn ich nachts gen Himmel schau,
spüre ich den Schein genau,
den Du mir von oben schickst
und damit mein Herz anklickst.

Wenn ich nachts spazieren gehe,
spüre ich oft Deine Nähe;
sie ist genau wie früher warm,
an Liebe reich, an Kälte arm.

Wenn ich nachts ganz leise weine,
ich Dein Bild in mir vereine,
schenkst Du mir ein Lächeln zart,
das mir Hoffnung offenbart.

Wenn ich nachts von früher träume,
öffnen sich verlass'ne Räume.
Mein Herz wird schwer, ich sorge mich -
mein Liebling, ich vermisse Dich!

©Norbert van Tiggelen

Tot geboren

Mit Liebe gezeugt,
mit Hoffnung getragen,
mit Sorgfalt beschützt,
begleitet von Plagen.

Mit Freuden erwartet,
doch letztendlich
Schmerzen;
als Kind bleibst Du allzeit
in unseren Herzen!

©Norbert van Tiggelen

Alte Liebe

Die Wege, die wir beide gingen,
verfolgen mich noch heut' im Traum,
wir fanden manch' verträumtes Plätzchen
und kannten auch den kahlsten Baum.

Du und ich, wir waren Freunde,
gingen stolz durch dünn und dick,
auf allen Pfaden, die wir zogen,
wachtest Du mit hellem Blick

Unsre Zeit ist abgelaufen,
doch im Herzen halt ich Dich,
Ruhe nun mein treuer Helfer,
eines Tages sieht man sich!

©Norbert van Tiggelen

Ciao Fellnase

Du warst mein Ein und Alles -
mein Kind, mein Sonnenschein;
der Mistfink, dem ich bös war,
und Engel obendrein.

Der liebenswerte Dickkopf,
der mich im Nu erfreute,
mit dem ich keinen Augenblick
im Leben je bereute.

Der Gernegroß der Zwerge,
ein Seelenclown zugleich;
beim Blick in deine Augen,
da wurd' ich sofort weich.

Gingst treu an meiner Seite,
halfst mir durch tiefstes Tal,
du warst die sanfte Feder -
der Trost so mancher Qual.

Die Regenbogenbrücke
hast du nun überquert.
Trag dich in meinem Herzen -
mein ewiger Gefährt'.

Regenbogenbrücke

Hat dein treuer Weggefährte
seine Augen sanft geschlossen,
ist der Schmerz unendlich tief -
sein Lebensbach dahingeflossen.

Er betritt dann ohne Leiden
einen Steg, so schillernd bunt;
über diesen wird er schweben
wie ein freier Vagabund.

Diese Brücke führt ihn dorthin,
wo es ruhig und friedlich ist.
Ihn umgeben Bäche, Wiesen,
keine Schmerzen und kein Zwist.

Eines Tages irgendwann mal
werdet ihr euch wieder sehen
und gemeinsam eng beisammen
über diese Brücke gehen.

Nachwort

Lieber Leser!

Ich hoffe, ich konnte Ihnen mit meiner „Wort-Schatz-Kiste" ein klein wenig behilflich sein und Sie werden damit in Zukunft noch einige ihrer Mitmenschen ein Lächeln ins Gesicht zaubern.

Der Autor Norbert van Tiggelen

Impressum

Cover-Foto:
Manfred Gorus, München

Lektorat:
Heidi Friedrich, Lampertheim

Gedichte/Texte:
©Norbert van Tiggelen,
Wanne–Eickel (Herne 2)